THE Crusaders

VOL. 3

by J.T.C.

모든 성인들과 청소년들을 위한 권장도서

상처난 얼굴

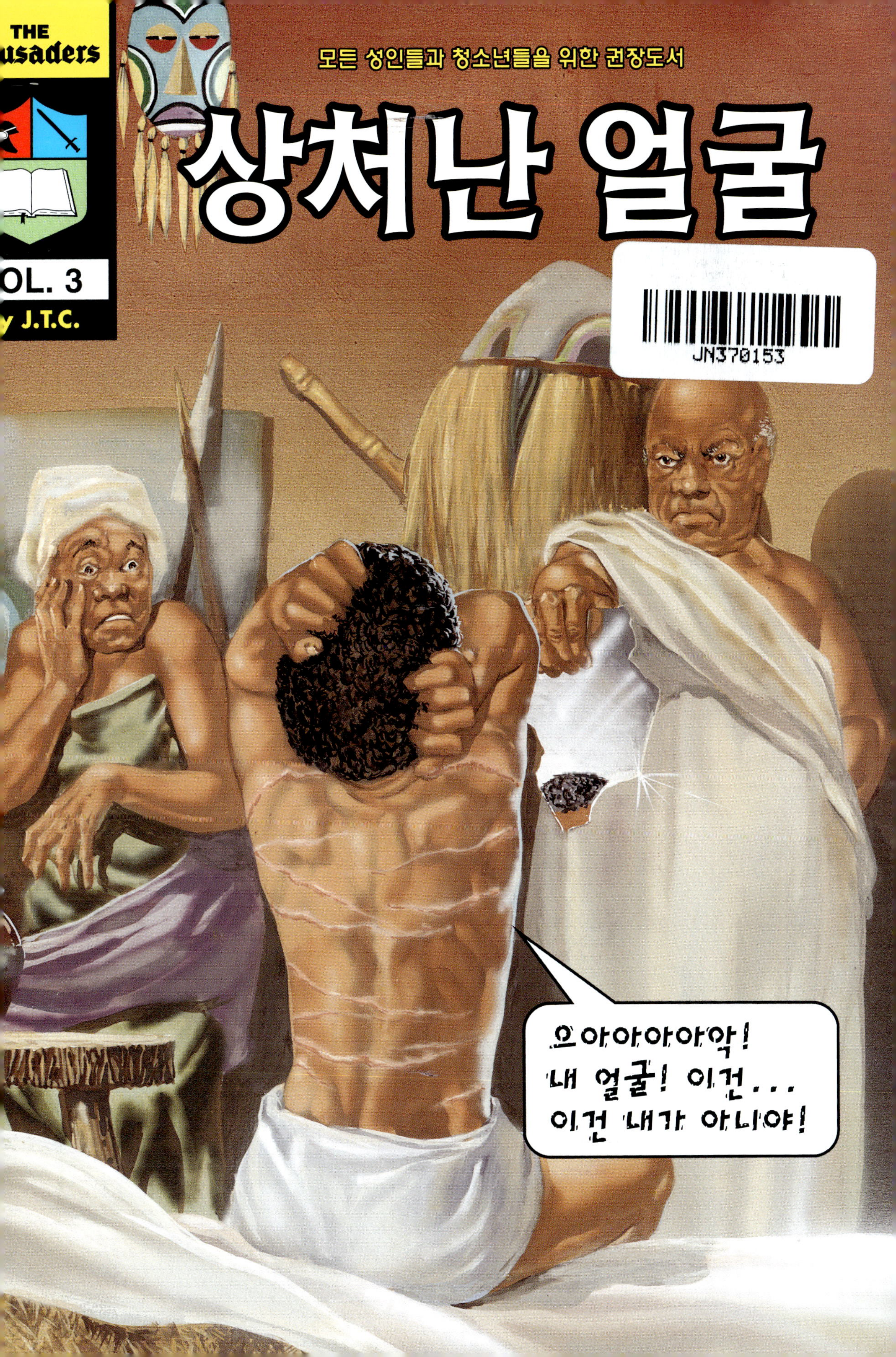

이 책에 인용된 성경구절은 〈한글킹제임스성경〉입니다.

"상처난 얼굴"

영국 변방 식민지... 동아프리카, 1931년
모를리 경과 내가 자네 구역에 오면서 만난 원주민 중 반 이상이 경례를 하지 않네!
죄송합니다. 장군님.
죄송하다고?? 자네는 그 말밖에 못하겠나?
이 지역을 제대로 통제하지 못한 자네 무능력 때문에 내 경력이 위기에 처했다구! 알아듣겠나?
네, 장군님!
내 경력이 자네보다 더 중요하다는 걸 명심해!
본토에서는 아주 불쾌해 하네. 히그비, 저 쓰레기를 다 치우지 못하변 내가 지네를 파멸시키지! 자네는 어설픈 얼간이에다 국왕 폐하에게 수치를 끼치고 있어! 알아듣겠나?
네, 장군님!

* 에베소서 6:9, 골로새서 4:1

만약 경례 안 하는 놈이 걸리면 그 놈은 죽음이다!
네, 알겠습니다.
누군가를 본보기로 삼아야 해... 제대로 못하면 내일 이맘 때 자네는 군복을 벗을 줄 알아!
명심하겠습니다, 대위님!

같은 날 이른 아침
자, 선교 본부에 가서 많은 것을 배우고 오너라.
네, 엄마.
힘들고 어려운 여행이 될 거다. 오랫동안 집을 떠나 있을 거야.
용기를 잃지 않을께요, 엄마!
크루마, 이제 우리 부족에 남자는 오직 너만 남았단다. 자랑스럽게 커야 한다.
실망시키지 않을 거예요.
잘 가거라, 얘야.
다녀올게요, 엄마.
말라, 울지 마, 크루마는 똑똑한 아이야.
잘 배워서 강한 남자가 될 게다.
아이가 커서 아주 **중요한** 인물이 될 거 같아요.

내일 이맘때 쯤이면 선교 본부에 있겠지.
부르르르르릉~
근데 도대체 저 이상한 소리는 뭐지?
무서워... 다른 사람들은 무서워하지 않는데, 괜찮겠지?
와, 멋진 색깔이다.
◎!!!☆☆! 당장 차를 멈춰!
끼이이익!
어, 이 사람들은... 피부 색깔이 하얗잖아!

너 이 녀석, 왜 경례를
안하는 거야?
왜 나한테 말을
거는 거지?
버릇을 고쳐놓
겠습니다.
대답해! @!!!☆☆!
이런 쬐끄만 녀석,
@!!!☆☆!
도대체
뭐라는 거지?
상사, 저 작은 @!!!☆☆! 검둥
이 녀석에게 영원히 기억될 교
훈을 새겨라!
내가 뭘
잘못했나?
갈갈이 찢어
놓겠습니다.
아 아~~ 안 돼요,
제발, 때리지 마세요!

으아아아아아아아아아악--!
살려주세요! 제발! 아아악!
짝! 짝!
무슨 일이지?
저러다 놈들이 꼬마를 죽이겠어!
이러지 마요. 당신까지 죽일 거예요!
저 히그비 대위! 하얀 악마들! 언젠가 다 없애 버리고 말 테다!
됐어! 그만해.
잘 했다, 상사!
감사합니다, 대위님.

죽었나?
죽은 것 같지는 않은데.
내가 아이를 데려가겠네.
우리 오두막으로 데려가세.
차라리 죽는 게 더 나았을 걸... 이 얼굴 좀 봐.
괜찮겠나?
네, 지금 자고 있습니다.
잠시 후
여기가 어디죠? 으윽, 아파요. 내가 어떻게 된 거죠? 당신은 누구세요?
네 친구란다. 자, 음식 좀 먹어라.
강해지려면 먹어야지... 너는 강해져야 한단다.
네 얼굴을 망친 원한을 되갚아야지.
제 얼굴이 이상한가요?
백인들이 네게 한 일을 기억해야 한다.
아아아악! 얼굴... 내 얼굴, 이건 이 얼굴은 진짜 내가 아니야!
거울을 볼 때마다 기억하거라. 백인이 네게 한 짓을 말이다.

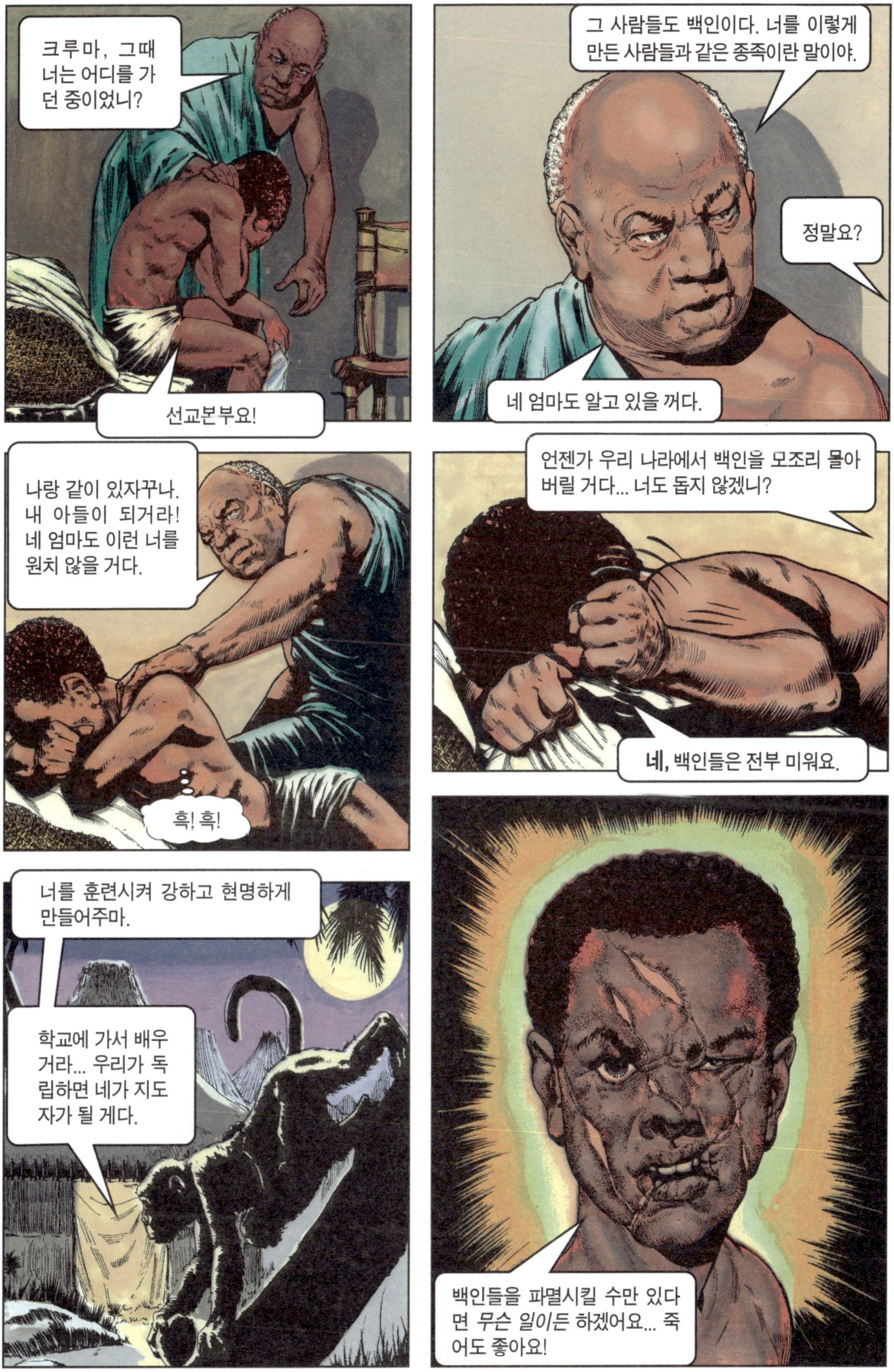
크루마, 그때 너는 어디를 가던 중이었니?
선교본부요!
그 사람들도 백인이다. 너를 이렇게 만든 사람들과 같은 종족이란 말이야.
정말요?
네 엄마도 알고 있을 꺼다.
나랑 같이 있자꾸나. 내 아들이 되거라! 네 엄마도 이런 너를 원치 않을 거다.
흑! 흑!
언젠가 우리 나라에서 백인을 모조리 몰아버릴 거다... 너도 돕지 않겠니?
네, 백인들은 전부 미워요.
너를 훈련시켜 강하고 현명하게 만들어주마.
학교에 가서 배우거라... 우리가 독립하면 네가 지도자가 될 게다.
백인들을 파멸시킬 수만 있다면 무슨 일이든 하겠어요... 죽어도 좋아요!

1960년... 영국의 마지막 군대가 동아프리카 토간다에서 철수한다. 크루마의 조국은 자유를 얻는다.
영국이 떠나자 새 국가의 통치권을 놓고 이 나라는 여러 갈래로 나뉘어졌다.
피로 얼룩진 정부 다섯 개가 단숨에 세워지고 사라졌다.
1973년... 수년간의 투쟁 끝에 새로운 정치 조직이 권력을 장악한다.
크루마라는 사람이 정권을 잡는다. 그의 적들은 그를 스카 페이스(상처난 얼굴)라고 부른다!
중국에서 온 루팡 일행이 즉각적인 회견을 요청하고 있습니다.
들여 보내게!
신비에 싸인 **루팡**은 황룡 조직의 핵심 멤버이며 중국 인민 공화국의 고문이자 동양 정보국의 수장이다.
크루마, 내 말을 끝까지 들어 주시오.

우리 정부에서 당신의 정당에 엄청난 돈을 쏟아 부었습니다.
이는 우리의 공식적인 입장으로... 거절치 않으리라고 확신합니다.

토간다에서 즉시 선교사들을 모조리 제거하시오.
지금 당장은 어렵습니다. 최소한 두 달은 걸립니다!
두 달을 주겠소... 더 이상은 안 됩니다.

수도에서 25마일 떨어진
선교지.
목사님... 정부
관리인데요.
저들이
웬일일까?
서류 좀 보여
주시오.
비자말입
니까?
그렇소. 지금 당장!
여기 있습니다.
1998년까지 유효
한 건데요.
선교사 양반,
더 이상은 그
렇게 안 돼요.
뭐라고요??... 도대체
무슨 일입니까?
당신이 CIA의 첩자이며
우리나라를 붕괴시키려
한다는 정보가 있었소.
이건 정말 터무니없는 말이군요!
저는 여기서 35년이나 있었는걸요.

반드시 두 달 내로 떠나시오!
그렇지만, 새로운 성도들을 양육시켜야 하는데...
딱 두 달이요, 자본주의 백인 스파이!
오, 주님, 이 악한 계략을 중지시켜 주십시오... 저에게 지혜를 주십시오!*
토부... 미국에 편지를 보내, 십자군에게 토간다로 와달라고 요청해야겠네.
던칸 목사님, 주님께서 인도하시면 십자군들이 이곳으로 올 겁니다.
귀하신 형제님들, 이 편지가 팀 클락과 제임스 카터에게 도착해서 주께서 그들을 토간다로 올 수 있게 해달라고 기도드립시다.
사랑하는 하나님! 도와주십시오.

* 야고보서 1:5

부르셨습니까?
빅 마우스는 어떤가? 지원한 만큼 효과가 있나?
네, 루팡! 주루가 아주 효과적으로 일하고 있습니다!
고출력 음향 장치와 트럭 네 대, 그리고 인쇄기계도 구입했습니다. 주루가 오늘밤 집회에서 연설합니다.
좋아, 나도 거기 가겠네!
이렇게 하면 스카 페이스 통제가 더 수월하지. 그러면서 하수인을 통해 그를 파멸시키는 거야.
웡, 자네 임무는 주루를 앞세워 스카페이스의 정부를 흔들어 놓는 거네. 실패 시 대가는 말할 필요없겠지!
네, 루팡!

미국
앨러너, 클락과 카터를 십분 내로 내 사무실로 오게 하세요.
네, 해리스 씨.
동아프리카 토간다에서 사역하시는 던칸 목사님이 편지 한 통을 보냈네. 우리에게 도움을 요청하고 있어.
자네들도 우리 정책을 알고 있듯이, 주께서 여행 경비를 주시면 임무를 완수할 때까지 있어야 하네. 거기에는 분명 자네들이 할 일이 있을 것이네. 엘레노가 벌써 계산을 해보았는데,
3,300달러가 필요하더군.
해리스 씨, 저희도 기도하겠습니다.
수요일 저녁 기도 모임 시간
짐, 잠깐만요, 어젯밤 꿈에서 아프리카와 당신 얼굴을 봤어요.
그래서 은행에서 돈을 조금 인출했어요. 주님께서 당신이 아프리카로 가는 걸 원하신다는 확신이 드네요!
짐, 얼만가?... 사실 난 얼마인지 알고 있다네!
3,300달러!
주님! 감사합니다.
그거야 바로! 가서 짐을 꾸립시다.

한 편
자, 이제, 여러분이 기다리던 미래의 지도자를 소개합니다.
주 루!
만세! 만세!
우리 지도자는 겉만 큼이나 그 속도 사악합니다.
이 추잡한 개가 우리를 해충 취급하는데 우리가 어떻게 우리 나라를 존중할 수 있겠습니까?
스카 페이스를 몰아낼 절호의 기회입니다. 그는 부패했고, 그의 정부에는 악당들이 득실거립니다. 전 세계가 우리 나라를 비웃고 있습니다.
주루 말이 맞소!
아주 저돌적인데... 맘에 들어!
그렇습니다. 루팡!
주루 말이 옳소!
스카 페이스는 거짓말쟁이입니다! 그는 우리의 영광스러운 조국을 배신했습니다. 우리 모두 다 같이 일어나서 그의 추한 몸둥이를 나무에 매답시다.
스카 페이스를 몰아내자!
주루를 권좌로!
토간다 만세!

루팡입니다. 어젯밤 주루가 아주 위험한 연설을 했습니다. 이 말썽쟁이의 입을 막으려면 우리 나라의 도움이 필요할 것 같은데요.
비밀 경찰에서 처리할 겁니다, 루팡. 감사합니다.
다음에 주루가 연설하면 현장에서 체포해!
네, 각하.
해결할 문제가 산더미 같은데, 이 냉소적인 배신자가 정부를 갉아 먹으려고 문제에 문제를 더하고 있어.
가능하면 빨리 녀석을 체포해야 해.
각하, 조심해야 합니다. 사람들이 크게 분열될 겁니다.
주루가 혁명의 영웅으로 사랑받고 있음을 명심해야 합니다.
우리에게는 골치덩이지!
다음 번 연설 장소를 알아봐! 거기 가서 벌레처럼 뭉개지는 모습을 봐야겠어!
네, 각하!

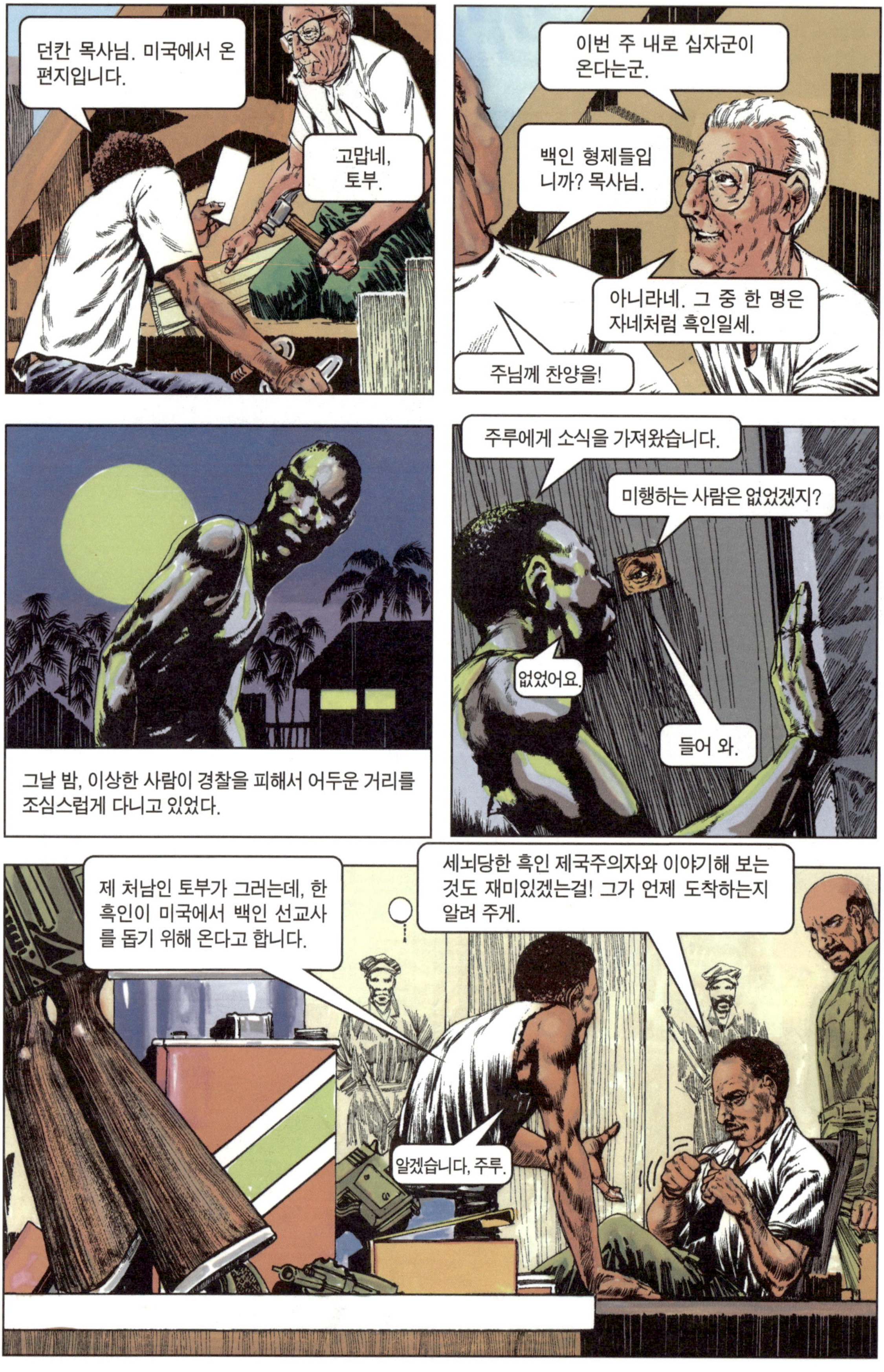
던칸 목사님. 미국에서 온 편지입니다.
고맙네, 토부.
이번 주 내로 십자군이 온다는군.
백인 형제들입니까? 목사님.
아니라네. 그 중 한 명은 자네처럼 흑인일세.
주님께 찬양을!
그날 밤, 이상한 사람이 경찰을 피해서 어두운 거리를 조심스럽게 다니고 있었다.
주루에게 소식을 가져왔습니다.
미행하는 사람은 없었겠지?
없었어요.
들어 와.
제 처남인 토부가 그러는데, 한 흑인이 미국에서 백인 선교사를 돕기 위해 온다고 합니다.
세뇌당한 흑인 제국주의자와 이야기해 보는 것도 재미있겠는걸! 그가 언제 도착하는지 알려 주게.
알겠습니다, 주루.

집. 여행에 필요할 것 같아서, 담요를 준비했어요.
테일러 부인, 저는 싸우지 않을 겁니다. 저는 아직 이유를 모르지만... 주님은 아십니다.
토간다에 오신 걸 환영합니다. 비행기가 완전히 착륙할 때까지 착석해주십시오. 세관 통과 준비를 해주십시오.
검은 대륙은 처음이야. 백인을 별로 좋아하지 않는다고 하던데...
맞네. 형제.
토간다에 얼마나 머무실 건니까?
3주간입니다.
자, 통과.
티모시, 무슨 문제라도 있나?
아니 괜찮아. 겸손을 배울 수 있겠어!
하나님 감사합니다. 두 분 다 오셨군요!
형제님, 잘 지내셨습니까?
누구지? 루팡에게 보고해야겠다.
루팡이 중국 북경에 전화한다.
티모시 에머슨 클락과 제임스 카터에 대해 알아봐 주시오. 모든 정보를 보내시오. 서두르시오!

* 갈라디아서 6:7

** 크루세이드 시리즈 1, 2권(부카레스트 작전, 부러진 십자가) 참고

던칸 목사님, **주루**가 밖에 있습니다. 미국에서 오신 흑인 분과 이야기하고 싶어 합니다.
주루? 놀라운 일이군!
주루가 누구죠? 박사님.
주루는 정치적으로 현 대통령에게 위협적인 적일세. 위험할 수도 있네, 짐! 저 사람과 이야기를 나누고 싶나?
기꺼이 그래야죠.
안녕하세요, 주루! 저는 짐 카터입니다. 안으로 들어오시지요.
저 나무쪽으로 가서 이야기합시다.
토간다에 온 이유가 뭐죠?
던칸 박사를 도우려고 왔습니다.
던칸은 백인인데!
알고 있습니다.
당신 CIA 요원이요? 미국 정부에서 보낸 거요?
아닙니다. 하나님께서 보내셨습니다.
미친 소리!
서 백인 이방인을 왜 형제라고 부르는 거지요?
우린 형제니까요! 주루, 예수 그리스도에 관해 들어본 적 있습니까?
백인들의 종교를 나에게 전파할 셈이요?
제가 지금 말하려고 하는 내용은 모든 인종에게 해당되는 말씀입니다. 그래서 하나님께서 수천 마일 떨어진 이곳에 저를 보낸 것입니다. 여기 앉아서 이야기하지요!

* 사도행전 2:22-23. ** 요한복음 1:1-10

주루, 하나님께서는 "모든 사람이 죄를 지었으므로 하나님의 영광에 이르지 못했다" 고 성경에서 말씀하십니다.*
제가 하늘 나라에 가지 못하고 지옥에 간다는 말씀인가요?
맞습니다! 대신 좋은 소식도** 있습니다. 하나님께서는 당신을 사랑하셔서 당신이 지옥에 가는 것을 원치 않으십니다.
* 로마서 3:23 ** 로마서 5:8, 요한일서 3:16
하나님께서는 주루, 당신을 아주 사랑하셔서, 그분의 독생자이신 예수님을 주셨습니다.* 주루 당신이 예수님을 믿는다면 멸망하지 않고 영원한 생명을 얻게 됩니다!
* 요한복음 3:16
제가 그 말을 믿으면 하늘 나라에 간다는 말인가요?
그렇습니다. 하나님께서 당신에게 주시는 사랑의 선물입니다.
당신이 예수님을 당신의 주와 구주로 받아들인다면, 그분이 십자가에서 흘리신 피가* 당신의 모든 죄들을 깨끗이 씻어 없앱니다... 그러면 하나님께서는 다시는 그 죄들을 기억하지 않으실 겁니다.
* 요한계시록 1:5, 히브리서 10:17-18
예수님께서는 다시 오셔서 인간들이 파괴시키고 있는 이 지구를 통치하실 것입니다.* 그때 당신도 그분과 함께 통치하게 될 것입니다.
* 사도행전 1:9-11, 요한계시록 2:26; 19:11-16
예수님께서 나를 그렇게 사랑하시나요? 그러면 내가 어떻게 해야 하나요? 차근 차근 설명해 주십시오. 저에게는 아주 중요한 문제입니다.
예수님만이 당신을 구원하실 수 있음을 전적으로 믿으면 됩니다. 성경에 약속하신 대로요. 당신이 예수님을 부르면 하나님께서 당신의 기도를 들으시고 구원해 주실 것입니다!*
* 사도행전 4:12, 로마서 10:13, 요한일서 1:9, 계시록 3:20
주루, 하나님을 대적해 죄를 지었음을 자신의 입으로 직접 인정하시고, 용서를 구하고, 예수님을 영접하십시오.
아, 하나님... 저는 죄인입니다. 예수님께서 저의 죄로 인해 십자가에서 죽으신 것을 믿습니다... 저를 구원해 주시고 제 마음에 들어오십시오, 주 예수님!
하나님께서 저를 변화시키셨습니다. 아주 깨끗해진 느낌인데요... 저의 주님에 대해 모든 것을 알고 싶습니다. 좀 가르쳐 주세요, 짐.
최선을 다하죠. 나의 새 형제여!

엄마... 저분들에게 음식을 드릴까요?
그렇게 도와주고 싶어서 안달하는 건 처음인데, 룻! 너 통가와 약혼한 거 잊은 거 아니지?
어, 엄마, 그만 하세요! 그냥 돕고 싶은 거라구요!
목사님... 이렇게 아름다운 여인들이 있는지 몰랐는데요.
아... 어... 감사합니다!
오, 이런 죄송해요... 용서해주세요!
아닙니다, 제 잘못입니다.
어쨌든 씻어야 겠는데요.
제임스, "아첨하는 입은 패망케 하느니라"*는 말씀이 생각나는데! 하하하.
* 잠언 26:28
저 미국인 검둥이가 룻에게 무슨 말을 하는 거지? 내 여자에게!
아내를 구하고 있는 건가?... 룻이 저 사람을 보고 웃고 있잖아! 이럴 수가! 내 여자에게!
저 사람을 빨리 제거해야겠군... 아무도 룻을 뺏을 수 없어! 아무도!

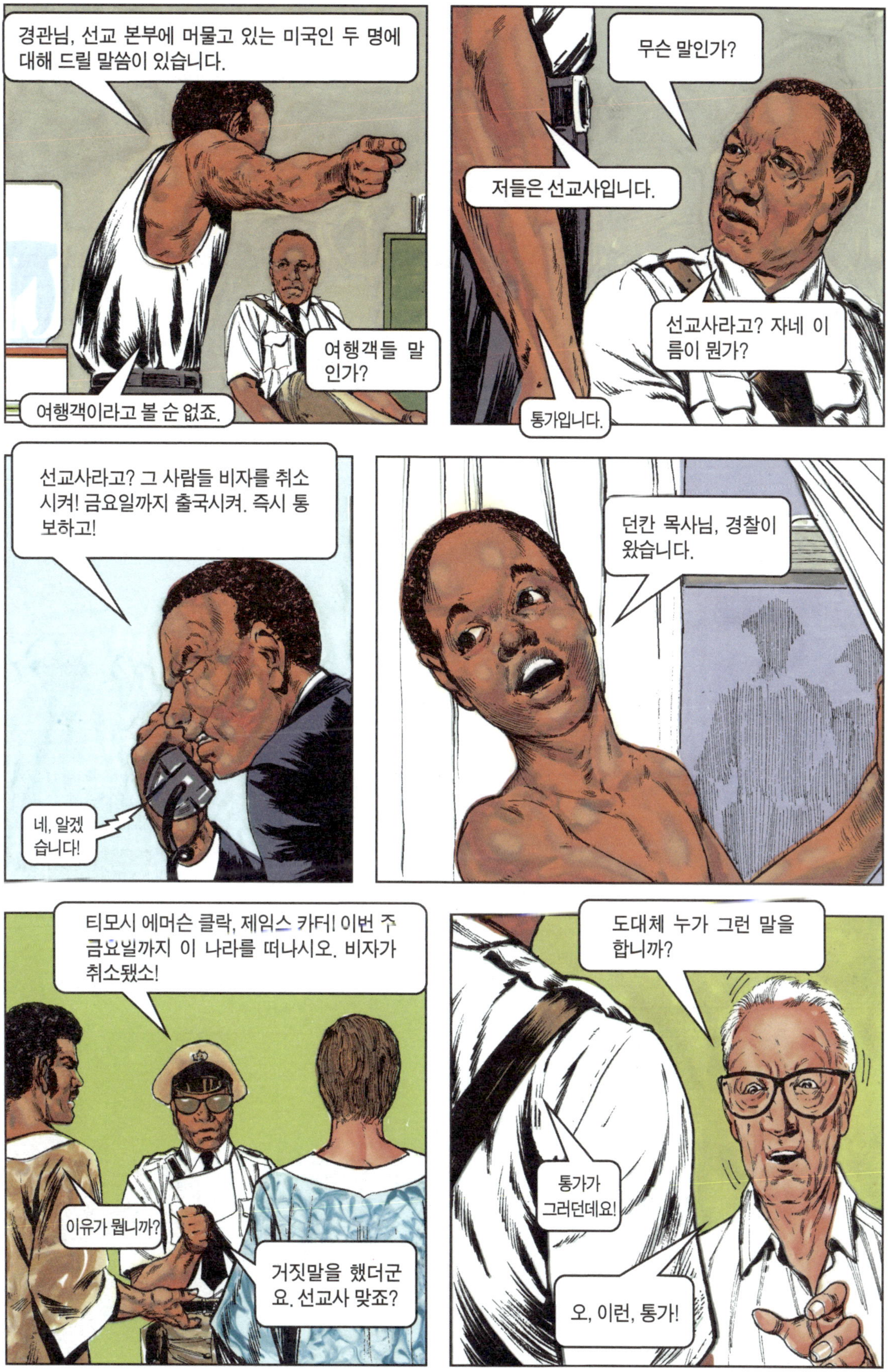
경관님, 선교 본부에 머물고 있는 미국인 두 명에 대해 드릴 말씀이 있습니다.
여행객들 말인가?
여행객이라고 볼 순 없죠.
무슨 말인가?
저들은 선교사입니다.
선교사라고? 자네 이름이 뭔가?
통가입니다.
선교사라고? 그 사람들 비자를 취소시켜! 금요일까지 출국시켜. 즉시 통보하고!
네, 알겠습니다!
던칸 목사님, 경찰이 왔습니다.
티모시 에머슨 클락, 제임스 카터! 이번 주 금요일까지 이 나라를 떠나시오. 비자가 취소됐소!
이유가 뭡니까?
거짓말을 했더군요. 선교사 맞죠?
도대체 누가 그런 말을 합니까?
통가가 그러던데요!
오, 이런, 통가!

* 로마서 8:28 ** 사도행전 15:18

* 베드로전서 2:17, 사도행전 23:3-5, 마태복음 22:2, 로마서 13:1

** 디모데전서 2:1-2

우리 모두 선한 시민이 됩시다!
성경은 이렇게 말씀하십니다, *주를 위하여 인간의 모든 법령에 복종하되, 권세 있는 왕에게나 혹은 악을 행하는 자들을
벌하고, 선을 행하는 자들을 칭찬하라고 그가 보낸 관리들에게 하라! *베드로전서 2:13-14
대통령에게 전적으로 힘을 실어줘야 합니다. 한마음으로 매일 기도로 그를 지지해 줍시다. 혁명과 폭동은 하나님의 법을 거스르는 행위입니다. 여러분, *하나님께 복종하시겠습니까? * 로마서 13:1
예
예
예
크루마 대통령, 만세!
각하, 저게 무슨 소립니까?
내 귀가 의심스럽군!
주루가 두 명의 미국인과 아주 가깝게 지낸다는 보고입니다.
내일 아침 일찍 그 두 사람을 내 사무실로 부르게.
예, 각하!

웡, 너를 다른 사람들에게 본보기로 삼을 것이다.
네, 루팡!
너 때문에 내 임무를 망쳤어!
너를 본보기로 삼으리라!
(헉!) 어... 어... 안 돼요!
던져 버려!
그래도 이 녀석은 내가 아끼는 놈이니, 운이 좋은거야!
쉬이이이이익!
으아아아아악!
한 시간 내로 싱가포르로 떠난다. 당장 제트기 준비시켜.
네, 루팡!
꿀꺽
절대로 십자군을 용서하지 않을 거야. 다시 만나게 되겠지.
다시 만나면 모두 없애 버리겠어.

다음 날 아침.
각하, 제임스 카터와 티모시 클락입니다.
처음 뵙겠습니다, 각하.
반갑습니다, 클락 씨.
안녕하십니까?
안녕하시오?
음, 복음 전할 기회가 왔군.
주루에게 어떻게 했소?
그에게 주 예수 그리스도를 소개해 줬을 뿐입니다.
그러면 선교사군요.
아닙니다, 각하.
나에 대해 주루와 같은 생각이요?
그렇습니다, 대통령 각하. 그의 말은 모두 성경적입니다.
계획대로 당신들은 내일 떠나야 합니다. 던칸 목사를 이곳에 있게 하려고 하는 걸 압니다. 그렇지만 이미 모든 선교사들에게 추방 명령을 내린 상태요!
내 결심은 변함없소!
차까지 모셔다 드리죠.

각하를 위해서 기도해 드리겠습니다.
여러분들이 기도해 주지 않아도 잘해나갈 겁니다. 고맙소.
저기 오는군... 죽여버리겠어!
조심해!
각하, 뒤로 피하십시오.
이 추악한 마귀! 죽어라!
탕! 탕!
각하, 괜찮으십니까?
당신... 당신이 내 앞을 가로 막았군!... 나를 보호하려고!
당신 생명을 지키려 했을 뿐입니다.
그렇지만, 그렇지만... 당신이 죽을 수도 있는 상황이었소... 게다가 당신은 백인이잖소!
하나님께서 함께 하시기를...
안녕히 계십시오, 대통령 각하!
이해할 수 없군... 앞뒤가 맞지 않아!

서두르게. 비행기에 탑승하기 전에 만나야 겠네.
알겠습니다, 각하!
우리가 떠나도 하나님께서 역사하실 겁니다!
저기... 대통령의 차가 오고 있어요.
대통령 각하, 예상치 못한 영광입니다.
떠나기 전에 할 말이 있소!
내가 있는 한 선교사들은 모두 이 나라에 있어도 좋소!
주님, 감사합니다.
던칸 목사님, 주루와 같이 제 집무실로 오셔서 제게도 당신의 예수 그리스도를 소개해 주시겠습니까?
기꺼이 그러겠습니다, 각하!
일이 이렇게 결말지어질 줄은 정말 몰랐는걸!
짐... 주께 너무 어려워서 못하실 일이 있었던가?*
* 창세기 18:14
끝

맞습니다!

크루마 대통령은 예수님을 구주와 주님으로 영접해서 영원한 생명을 선물로 받았습니다.

요한일서 5:12

하늘나라에서 상처투성이의 얼굴에는 더 이상 흉터가 없을 겁니다. 새롭게 된 그의 몸에는 점도 흠도 없을 것입니다.

에베소서 5:27

예수께서는 사랑받지 못하고 두려워하고 아무도 원치 않는 그런 사람들을 사랑하십니다. 그분은 여러분에게 안전과 마음의 평안과 그분의 위대한 사랑을 주시고자 합니다.

예수님 외에 당신을 구원하실 수 있는 사람은 없습니다.

"그러므로 다른 이에게는 구원이 없나니 이는 하늘 아래서 우리가 구원을 받을 수 있는 다른 이름을 인간에게 주신 적이 없음이라."

사도행전 4:12

성경은 하늘 나라에 가는 유일한 길을 다음과 같이 제시해 주고 있습니다.

예수께서 그에게 말씀하시기를 "나는 길이요 진리요 생명이라. 나로 말미암지 않고는 아버지께로 올 사람이 아무도 없느니라." (요 14:6)

다른 누구도 당신을 구원할 수 없습니다.

네가 네입으로 주 예수(예수님이 하나님이신 것)를 시인하고 또 하나님께서 그를 죽은 자들로부터 살리신 것을 네 마음에 믿으면 구원을 받으리라. (로마서 10:9)

1. 자신이 죄인이라는 사실을 인정하십시오(로마서 3:10).
2. 죄로부터 돌이킬 것을 결심하십시오(즉 회개, 사도행전 17:30).
3. 육신으로 오신 창조주 하나님이신 예수 그리스도께서 당신의 모든 죄를 위해 죽으시고 부활하신 사실을 믿으십시오.
4. 기도로써 마음 속에 예수님을 당신의 구주로 영접하십시오.

이렇게 기도하면 됩니다.

주 하나님, 저는 죄인입니다. 저는 예수님께서 저의 죄 때문에 갈보리에서 피흘려 죽으신 사실을 오늘 알았습니다. 이제 저는 예수님을 저의 구세주로 믿고 받아들이오니 제 안에 들어오셔서 저를 구원해 주십시오. 저를 구원해 주셔서 감사합니다. 주 예수님의 이름으로 기도했습니다. 아멘.

당신이 지금 예수님을 영접했다면, 이제 그리스도와 함께 하는 놀라운 새 삶이 시작된 것입니다. 당신이 이제부터 할 일은 다음과 같습니다.

1. 예수 그리스도를 더욱 잘 알기 위해 날마다 성경을 읽으십시오.
2. 기도로 날마다 하나님과 대화하십시오.
3. 그리스도를 전파하고 성경을 최종권위로 인정하는 교회에 나가셔서 침례를 받고, 예배를 드리고, 다른 그리스도인들과 교제를 나누며 주님을 섬기십시오.
4. 다른 사람들에게 예수 그리스도를 전하십시오.

새로 태어난 그리스도인으로서 더욱 성장하기 원하신다면 〈그리스도인의 성장 8단계〉를 읽으시기 바랍니다.

사탄의 역사를 파헤치고 하나님의 복음을 전파하는 크루세이더 시리즈

칼라판 각 32쪽 / 각권 3,000원(총 11권)

로마카톨릭의 실체를 파헤치는 알베르토 시리즈

칼라판 각 32쪽 / 1권 2,500원 2-6권 각 3,000원

말씀보존학회 Word of God Preservation Society
서울특별시 강서우체국 사서함 90호 Ph. (02)2665-3743
www.biblemaster.co.kr

CHICK
PUBLICATIONS
P.O. Box 3500, Ontario, Calif. 91761-1019 USA
(909)987-0771/ www.chick.com

04230
9 788992 164108
ISBN 978-89-92164-10-8
ISBN 89-85888-66-4(세트)

가격 3,000원